FSC
www.fsc.org
MIX
Paperi vastuullisista lähteistä
Paper from responsible sources
FSC® C105338

Kustantaja: BoD · Books on Demand,

Mannerheimintie 12 B,

00100 Helsinki, bod@bod.fi

Kirjapaino: Libri Plureos GmbH,

Friedensallee 273, 22763 Hampuri,

Saksa

ISBN: 978-952-80-9475-3

Kulkukissa Kelan portailla&

Sosiaalitoimiston maskotti

Trilogian viimeinen osa

Runoja

Kuollut kissa maukuu

Kelan portailla
Täällä on ruuhkaa
se ilmeisesti yrittää sanoa
mutta käsittelyaika on
kuolinjäykkyyttä pidempi.

Työttömän lapsi ei saanut
päiväkodista hoitopaikkaa
Mietit laulua:
"Kaikille tilaa riittää
kaikille paikkoja on."

Rahattoman vesi ei muuttunut viiniksi
Humala meitä varjelkoon
hän huusi
Miten paljon viinistä on jäänyt paitsi!

Herään autiomaassa
Hiekan ja tähtien hopeavalossa
Tiibetiläisten kurkkuäänien muminaan
Intiaanien kiljuntaan
Noitien loitsuihin
Munkkien mantroihin
Pappien rukouksiin
Tietäjien niiden
kameleiden raskaisiin askeleihin
Herään hyvän ja pahan tuolle puolen
Herään kuolleista
Herään elämästä
Herään Vapahtajan kämmeneltä
jossa purot ja linnut
metsät ja taivaat todistavat
rakkauden ihmettä
Ja minä katson
sinun silmiisi
Luojan ikkunasta sisään.

Isäni oli Ritari Ässä
vähintään He-man kun tuli
muiden poikien kanssa nujakkaa
Silti se oli äiti joka haki minut pois
Kantoi hampaissaan
Keitti kaakaon veteen johon
upotin ranskanleipää
Välillä oli hopeateetä
Pääministeri Esko Ahon tapaan
Tehtiin paperilennokkeja joista dronet
saivat alkunsa
Työttömien lukumäärä kasvoi
Kansoja yritettiin yhdistellä
Samaan tapaan kuin Commodore
kuusneljää putkitelevisioon
Suutuksissa isä uhkasi myydä minut
mustalaisille
Arvi Lind oli tuskin neljänkymmenen
Ronald Reagan änkytti rauhanseminaa-
rissa
Kasvatin pitkää tukkaa
Olin työväenluokan Baby-Born nukke.

Vaari tuli Sodassa hulluksi
Mummo söi unilääkkeitä
Isäni lähti maitokauppaan
Äiti ei kestänyt lamaa
On ilta ja radiossa Reijo Taipale
Aamutähdet laskeutuivat kylmään
kaurapuuroon
Nuolin lusikkaa joka teki mieli
tikkarina niellä
Mutta nieleskelin kyyneleitä
Sosiaalidemokraateille kelpaa kaikki
Erilaisuuteen kannustettiin
mutta piti olla kuten muut
Huomiota herättämättä
piilottaa ufo autotallissa pressun alle
lausua iltarukous
Suosikki-lehti täynnä uutta normaalia.

Kasvatan perunoita nauriita
Hemoheshiihtäjien itsetuntoa
Sukuhaudoissa ei ole yksinäistä
Siksi hankin koiran
Kirjoitan kolmen sormen
kymmensormijärjestelmällä
Menin treffeille ravintolaan
hirvikärpäset putos hiuksista lautaselta
Palasin himaan avojaloin
Ei soitella enää sanoit vaikka mun puhelin
on kii maksamattomien laskujen takia
Istun kolmea aurinkoa vastapäätä ja
odotan kuolleita filosofeja kylään
Olen lainannut samat kirjat kolmesti
mutta pyykkiä en ole pessyt
Ilmakivääreillä ohiammuttujen varisten
äänet.

Kävin vanhainkodissa lukemassa runojani

Asukkaat nukahtivat keinutuoleihin

Loput katsoivat Emmerdalea

Menin mieleni kirkkoon jossa naakat soivat.

Alttarilla oli pikkupojan arkku

En tiennyt että olit ehtinyt aikamieheksi
Satanut enkelilunta kun olin Köpiksessä

Yritin pelastaa uskovaiset ja kusin
kalmiston taakse puron

taitoin virsikirjan sivusta sivun

jossa mainitaan ateisti.

Olen mies joka olin kolmesataa vuotta
sitten

Vaatetan itseni koivupuun lehdillä

vaikka televisiossa sataa lunta

näen kalapuikon maljassa

Alkukantaiset vaistoni kaipaavat hiomista

Puhun täytettyjen eläinten kieltä

Laskuni maksan monopolirahalla

Mitä se kenelläkään kuuluu mitä kouluja
kävin

Vapputorilla mulla on lokki päässä

Pidän sormipistoolia taskussa

Läikkynyt viini ei saa päättyä näin.

Ulosotto vei sohvan
Tein pölykapselista paistinpannun uuteen kotiin
Kerään tupakan jämiä dösäpysäkiltä
Näen REM unta Marimekko verhoista
kannan pajatsovoittoja taskussa jossa on reikä
Menen työvoimatoimistoon haalarit valmiiksi päällä
Otan vessapaperirullan terveyskeskuksesta
Kuljen autojen valaisemaa kylätietä
Täytän runoillani reiät joista hiiret tulevat.

Ikävöin sinua öljyjunissa
konteissa
Delfiinien seuraamissa laivoissa
Meistä jää vain särkynyt
Jatkoit kulkemista avojaloin
Nait insinöörin.
Jälkiäsi kukittavat valkovuokot.

Korvasienimetsässä
jää sauvakävelijöiden alle
Istun kannolla ja tupakoin
Kissankellot kasvavat kenkiin
Suihkukone tuo sodankäynnin
naavakuusikkoon
Katselen pilviä
joissa näkee mitä tahtoo
Uneksin perheestä poimimassa
mustikoita joita panssarivaunut
eivät ole tallanneet.

Toin sinulle palan jäkälää
viimeisestä metsästä
Hyvästi itsestäänselvyys
En enää tunne naavaisten
kuusten pulssia.
Surun mykät äänet
kynttilähaudoilla.

Syön homeiset leivät jotka oli
tarkoitettu ankoille
Istutaan penkillä ja pidetään
toisiamme kädestä
Puhutaan lapsista
tapaamisoikeudesta
ruuhkavuosista ja väsymyksestä
Ollaan edes hetki onnellisia
ilman menneiden vuosien painoa
Riskit eivät ole enää meitä varten
jokaöinen seksi
Eikä meidän tarvitse hävetä
ryppyjä silmissä
puoliksi maalattua taloa
Että unohdamme nimipäivät
Lompakot kotiin
Olemme niitä jotka iltaisin
katsovat telkkarista sairaalasarjaa
Toivottavat hyvää yötä.

Ratsastin jalattomalla hevosella

Hullu kuu valui tuputettuun kahviin

Seisoin haudallani ensiapulaukku

kädessäni

Soitan palolaitoksen pelastamaan

filosofiani puusta

Olen tarpeeksi vanha olemaan väärässä

Väistelemään ylinopeutta ajavia
rollaattoreita.

Joet tukehtuvat siltoihin

Kaivan savet kengistä

Helikopterin valokeilassa

murustan viimeisen leivän

västäräkeille

Perustin firman joka tarjosi hyvinvointia ja tasapainoa

Minut on erotettiin

Hiilijälkeni löydettiin jälki-istunnosta

Runoni laitettiin kissan vesiastian alle Meksikossa

Sain kulkurin maineen kiertämällä vankilan pihalla kehää

Valtasin talon jossa yhä asutaan
Pummasin kun ei ollut pummattavaa.

Hanki hengittää sulamalla

Otan mielikuvitussukset seinän pielestä

ja hiihdän lapsuuttani kohti

Yhä siellä tarjotaan kahvia
Mummolla on uusi kolmekymmentävuotta
vanha mekko päällä
Vaarilla kidukset.

Olen uraanikaivoksella jota
kutsuttiin Lapiksi
Raakut kolikkoja
Suot kuplivat myrkkyjä
Petteri-Punakuono korvattu
sähköautolla.

Vien joulupöydältä lohen takaisin jokeen
Ihmiset muuttaneet kuuhun.

Krapula

kuseminen pelottaa

hirvi ikkunassa

Etsin Narniaa karaokebaarista
Olen basaari joka ei sulkeudu.

Tänään oli hyvä päivä
KUTEN CHARLES MANSON
Rakastamme toisiamme siten
että jätämme rakastamatta.

Metrosta jäätävä aiemmin
juostava tarkastajaa karkuun.

Odotan kuolemaa
Saan vuoronumeron
Änkytän hääseremoniassa
Olin alkuasukas
Säästin puhdasta vettä leiliin lapsiani
varten
Neljän ruuhkassa kadotin
metsästysvaistoni
Uneni liittyvät pankkilainaan
Minussa ei ole muuta alkukantaista kuin
kalloni muoto
Se löydetään maasta ja nimetään
käyttöjärjestelmäksi
Olen Reutersin salamametsästäjien
himottu saalis
Mies joka rakasti
naista kuin planeettaa
tuli surmatuksi ilmastopakolaisten
toimesta.

Tunnistan sukulaissieluni
Nuo alati maailmaa murehtivat
jotka jättivät nahkansa piikkilankoihin
ryömivät diktaattoreiden jalkojen välistä
hylättyyn paratiisiin.

Sun faijas trokas virosta viinaa ja mutsis
oli sihteeri
Käytiin kapakoissa väärennetyillä
papereilla
matkustettiin pummilla
Porttikongissa juotiin minttuliköõriä
Pari vuotta myöhemmin
kahlattiin karhukirjeiden loskassa
En ollut hyvää seuraa
Mä nukuin lehtiroskiksessa ja sä
Rantakadulla
Molemmilla oli merimaisema
Sit sä menit naimisiin
mä sossun jonoon
Sä sait kaksi lasta
mä runoni.

Black Friday päivänä
ostoskeskusten liput liehuvat
Ne jotka pakenevat saavat laukaukset
peräänsä
Huono päivä narkata julkisissa vessoissa
Valkoinen höyhen kertoo että kuolleet ovat
läsnä
Ajan polkupyörällä piilotajuntaan
ja toivotan kaikille onnea.

Meillä on
pikkuvanhat lapset jotka leikkivät
kärpässienillä
Selaat albumia jossa ei ole meistä kuvia
mutta josta meidät muistetaan
Mulla oli nahkatakki ja kauluspaita
Avoin ikkuna josta kiipesin viereesi.

En ole lopun ennustaja
Uhriudun kun kertakäyttökulttuuri
valloittaa maailman
Jään Ikean panttivangiksi
Pakenen autolla joka ei käynnisty.

Maailma eli viikon ja meni konkurssiin
Äiti ehti just keittää kahvit
Isä sai kengät jalasta
oli roikkunut ylitöissä Golgatalla
Lapset toivat koulusta pulpetin kotiin
isovanhemmille ludo-pöydäksi.

Kaappikello on Kurikasta ja lyö
kuin mies
Katkismushiljaisuus kun syödään lautasta
tyhjäksi
Työläislähiö hikisine sukkineen
Chernobyl purkautuu turhautumisena

Bussikuski ohittaa koko asian ja jatkaa
Kumpulaan.

Etsin vapautta autiomaasta
Kuulen tiibetiläisiä kurkkuääniä
Intiaanien hoilaamista
Mutta äänekkäintä on tähtitaivaan hiljai-
suus
Nielen hiekkaa ja kokeilen onko
minuutta olemassa ja koska sille
riittää
Tahtoisin olla kuten kangastus
jota kohti pyrkiä
Tämän universumin hetkellinen tosi.
Äitini Tuuli.

Olen vesiuskovainen
Tiskaan rintojesi välissä
Imuroitavakin koko tämä eläminen piiloon
Olen kello kun on ehdittävä
Nukkuu sanoo käki
Täytettävä lappuja jotka kertovat
jostakin toisesta
Olen kulkukissa Kelan portailla.

SOSIAALITOIMISTON MASKOTTI

Trilogian viimeinen osa.

Kusen lavuaariin
Juon ensimmäisen oluen
Päivästä ei saa selvää
Korvamattona masentuneen sisäinen huuto
Näet minut televisiossa
Koristelen jonkun toisen yksinäisen joulun
Tavaratalon valvontakameroissa näyn lumisateena
josta lapset tekevät enkelin
Putoan niiden savupiipuista jotka tarvitsevat aikaa.

Mut heitetään ulos kapakasta
kodista sairaalasta Kelasta
Puistoon olen vielä kelvannut
Kivitettyjen pulujen yleisöksi
näkymättömäksi harmaaksi.

Muutaman metrin päässä laiturista kelluu
kuollut lokki

Se kelluu ku valuutta

Juon tölkkikaljaa josta ei

vielä ole leikattu

kuten konjakista on.

Myytiin vessapapereita
Oltiin partiossa
Syötiin merkkareita
Pidettiin nappiverkkareita
Juotiin hampaat kokiksella
Oltiin lamalapset
Isovanhempien kukkarolla
Emme ymmärtäneet itsemurhatilastoista
mutta
katseltiin vanhempien riitoja
itkettiin komerossa piilossa
Oltiin aina ulkona
puukengät jaloissa
yö-kastelijoiden sukupolvi.

Kuka jaksaa murheita

köyhyyttä?

Olen alaston Tarzan

viinapullo kädessä

Hervannan yksiössä

Kaipaan viidakkoon jota

en muista.

Eteisessä istuvalla lapsella on kranaatti
sylissään
Se on syönyt kalenterista kaikki suklaat
etukäteen
jotta joulu olis nopeesti ohi
Vanhempien riidat olis ohi
Ikkunassa paperinen sähköllä toimiva
Betlehemin tähti.

Mutsi ottaa faijalta turpaan

betonilähiössä

Älä anna sille viinaa sanoin

naapurille

joka sekin hakkas mutsin

teki mulle pikkusiskon

Nykyään faija lusii

se kertoi kirjeessä

miten se pois päästyään opettaa

mut vetää piriä.

Äiti et sä voi mennä metron alle
Sun pitää tehdä ruokaa
tarkistaa läksyt
pestä pyykkiä
katsoa telkkarista Matlockia
Lausua yhteinen iltarukous
Että isäs oli saamaton
ettei se välitä.

Seison hautausmaalla
Orava haalii käpyjä kuin surua
On jätettävä hyvästit ja alettava kaipaamaan
Oltava muistojen pistelemä voodoo-nukke.

Repa haudattiin

ilman saattuetta

ilman ristiä

Varis.

Pakolaisena passittomassa maassa
Miten kaksi kulttuuria eivät voisi koskaan
olla yksi jumala
Mutta kotimaatani minä kynälläni kaivan
Pistän multaa taskuuni kuin se olisi
omaani
Onkin
Sinunkin multasi.

Kaikki alkoi kuusivuotiaana
josta asti muistaa
Miten joutui tönityksi sukunimestään
Kun kaatunut maitolasi sai isän
kiroilemaan
Ja miten koulussa siilitukka ja isobroidilta
saadut vanhat Jamekset karkotti
tytöt
Ja sit ku säästöpossusta kaiveltiin
pennejä
joilla saatiin kioskilta merirosvorahoja
ja nallekarkkeja
Saunassa istuttiin alimmalla lauteella
pienimunaset häveliäämmin
Ja isä kehui voimiaan
Emme ymmärtäneet mitään lamasta
josta televisiossa puhuttiin
Meistä tuli pölynimurikauppiaita.
Niitä jotka haaveilee paremmasta
ku oli.

Tahtoisin rakastella sinua
tuulenhiljaa upota punaisten
hiustesi Tiistaihin.

Tahtoisin että istuisimme sylikkäin
pianotuoliin kun taustalla soi Bach
ja asvalttia korjataan
Tahdon painaa huuleni ihosi muistiin
kun jauhelihatarjous muodostaa
jonoja
Läähättäen kiertäisimme lp-levyä
sulkeutuisimme toistemme ympyrään.

Marraskuu
rahat loppu
Traktori hiekoittaa tien
Golgatalle.

Marraskuu
Pikavipit ulosotossa

Maisemat ilman yksityiskohtia
Lumi kokonaan uusi
Pimeän tuoksuinen.

Joulukuu

ja vuokrarästi

Lumi sulaa ja yskii

vettä keuhkoistaan.

Jouluna ei saatu hirveesti lahjoja

Vanhempia harmitti että me lapset

oltiin kotona TIELLÄ

ettei ollu koulua

Ruokalaskutki oli suurempia.

Ku vanhemmat riiteli

ja useimmiten rahasta

ku ei ollu töitä

mä menin komeroon piiloon

ja sain ahtaanpaikan kammon

AHDISTUNEISUUSHÄIRIÖ.

Sitte ku tuli nää ministerien säätämät
leikkaukset niin äiti alkas juomaan.
Se ei enää jaksanu herätä laittamaan
meille aamupalaa kun me lähettiin kouluun.
Sit se unohti pestä pyykkiä.

Luokkakaverit sanoi että mä haisen.

Ku isä joutui työttömäksi

se masentui ja tappoi

ittensä Tenoxeilla.

Mutsi masentui kun rahat ei enää

riittäny

Meidät otettiin huostaan.

Mutsi sanoi että kuka sitä jaksaa

maksalaatikkoa syödä päivästä toiseen.

Valtiovarainministeri kuulemma syö.

Keinoäly laajentaa tietoisuutta
Nyt sitä kutsutaan meditoimiseksi
Odotamme valmiita vastauksia
Vastauksia ei ole
Mitä me niillä tekisimme
Pilaisivat kaiken nautinnon
Vastaukset kytkevät meidät koneeseen
kuten vanhuksen sairaalassa
Emme saa olla arvaamattomia tai henki-
siä
Henkisyys ei sovi tieteelle
Mutta tekoäly pakottaa tieteen runolliseksi
Lopulta tiede todistelee henkien olemas-
saoloa
Jotenkin olisi selitettävä selittämätön
Annettava ihmeelle nimi
toivoa.

Näetkö miten kirveet ovat
kaataneet kaikki linnut
ja nyt puut muuttavat talveksi pois
Välillä ne kuitenkin pysähtyvät lepäämään
epäilevään mieleen.

Ihmeitä ovat nämä jokapäiväiset

askareet

rakkaudella tehdyt.

Ja mitä pidemmälle mantra jatkuu

sen enemmän olemme toisillemme

tarpeen.

Puhelin soi

että joku soittaisi edes joskus

väärään numeroon.

Elämä on muuttunut odotushuoneeksi.

Työttömyys

ei ole sanaa joka sitä kuvaisi

On vain tunne halveksunnasta.

Ettei mistään saa kiinni

edes valheesta.

Koskaan et ole niin täynnä

kuten tyhjä jääkaappi on.

Sinut esi-täytetään synnytyssalissa.

Mihin siruja enää tarvitaan?

Että voisi siirtyä elämässä eteenpäin

liikkumatta.

Että voisimme keskenämme vaihtaa osia

kuten paristoja.

Leikkiminen ei ole

työtä

koska jokainen haluaa olla

pop-tähti.

Älä kumarra ketään koska

näet vain rikkinäiset kenkäsi.

" Koko koulutusyhteiskunta ei inhimillisellä tasolla merkitse muuta kuin nuorten ihmisten rääkkäämistä, sitä että silloin kun heidän pitäisi loikoa niityillä, soudella järvillä ja poimia lumpeenkukkia, katsella syksyisellä jäkäläkalliolla kurkiparvea puolukkaterttu suussa,

tai samoilla talvisissa erämaissa,
ja laulaa ja naida ja rakastaa, että heidät näinä vuosina sullotaan oppikouluihin ja korkeakouluihin tai – mikä tärisyttävintä, kesäyliopiston kursseille – opiskelemaan asioita, joita enimmäkseen ei ole mitään syytä tietää"
-Pentti Linkola-